Copyright © 2019 Brain Training.

All rights reserved. No part of this publication may be reproduced, distributed or transmitted in any form or by any means, including photocopying, recording, or other electronic or mechanical methods, without the prior written permission of the publisher, except in the case of brief quotations embodied in critical reviews and certain other non-commercial uses permitted by copyright law.

Any images used in the production of this book have come from one or several of the following sites: Shutter Stock, Getty Images, Pixabay and Pexels.

Trademarked names appear throughout this book. Rather than use a trademark symbol with every occurrence of a trademarked name, names are used in an editorial fashion, with no intention of infringement of the respective owner's trademark. The information in this book is distributed on an "as is" basis, without warranty. Although every precaution has been taken in the preparation of this work, neither the author nor the publisher shall have any liability to any person or entity with respect to any loss or damage caused or alleged to be caused directly or indirectly by the information contained in this book.

Puzzle 1

Puzzle 2

Puzzle 3

				4			3				8					
				6		5			2		3					
				2		6					5					
					7	4			5	3						
						1	5		7	8						
				1				3		2	9					
	6	1		2			4		9	5			2	9			3	5
	2					7		2		3			7	2			8	
8			4			2	6				1		9		3		5	2	4	6
			5	4		6	3										6
9	5	4		6						3			7	1			
6				8			1			8	5				1		
3		2		4	6			8	9			5			6	1	
5	8	6		9	3							4				7	8
	4						2			7		1		3	5	2	

Puzzle 4

			3						5	2	7			
				7		6	3							
				2			5	1	9					
			5	4		1			3	8				
				3						6	1			
				6	1		5			9				
6	8	5			1	4	9	7	3		5		9	5	7			3
	9	5	4	7				2					2	6	1		8	
		8				5	3		8	2	7		4	8				6
1				2			5		6		3						
5			7	6	8				5			7		2		3
		1			4					2		6	4			5
	1	2	7					5		8		6	3		9
9		6	1		3											1
	6			7	1			3	8		9	2		5	

Puzzle 5

	5	9	6		8	3	4	
1			7					9
	3			1		6		5
	4	1		6			9	
6		3		4				
9	8		5		1	4		

5		9	6	4		7	8	3		5		4	3		6	9		7
6					2			5				8	6	9		4		
	8			9	5				8	9			7	1	2		6	
		3	5			2	1									9		1
2	7		1			5					4						7	6
1	6			3		8	4	7		8	6	5	4					
4	9		7			1		3					2					
3	2						4			7			3	6			4	8
			4	1							5	8	7		3	1	6	

Puzzle 6

Puzzle 7

Puzzle 8

						9					3			8						
						4			1		5	9								
								5				1								
												5	8							
								1	5				4							
						5	8				9		7							
3		5		4	2	9	7		3				6	1				7		
			7							4	7			8	6		9	5	3	
			9						2	6		9		5	2				1	
	8				4								9			5				
9		2		6								1		9		3				
	5	4	8			2	3						4		1		7			
	1		2	4		5	8						6							
		6				4		1				5			2	4			6	
	4					3						3						2		

Puzzle 9

					3			
5	3					6		2
7			6			4	8	3
		5			2			
	2		3	9			1	5
				4				9

			2			1	3		9			5	7			8	
1		4		8			2	1		8			9	1	5		
	3			1	4		6				7		2				7
		8		4			5			4		5		3			8
2	7			5	9						5	1					3
		8											7		6	5	4
6	1	2				8				8					2		
		9	1		7		4				4	3		9			
			2		1	3					3		2	7		4	

Puzzle 10

Puzzle 11

Puzzle 12

			7	5			6	2
	6				9			5
		9					7	
		3					2	
	9				6			1
			2			5		8

Left grid:

	2	7		3	1		5	
	1		4		2	7		3
			8			4		
3	5			6	4	9		
		1				5		
			4		2			
	9	8						
2	3		5			6		
5			8		4			

Right grid:

	5	8	7			2			5	9	4
3		5	8			5		7			
	8	7	5			6					
	9						1	2			
3			7	6			9		5		
	8							7	6		
1					5		8				
		8			2		3				
				6				7			

Puzzle 13

Puzzle 14

Puzzle 15

	2				5	3	4	
		4		6				
			8				6	7
	8	7						3
	3	2	7					5
5				9	3			

9			8		1	4				2		7	4		
		5			9			7	5	1		8			
	2		1	5		3			2	7		1		6	
	6		4								5		6		8
			3	6	5	8			1			3	8	7		6
2			5	9		7						7				2
4									6		7				8	5
6		2			5		9				1	6	7			
	8	3		2		6						2			

Puzzle 16

Puzzle 17

Puzzle 18

Puzzle 19

Puzzle 20

Puzzle 21

Puzzle 22

Puzzle 23

Puzzle 24

Puzzle 25

						5	2			6		9	8	7						
						6			3		9		1							
						1		4		7				2						
						8								3						
						2			7	5	8			9						
											6									
	3	1		4	8		2	4		3	7		3			2
				5			1		9			6	2		5	1	7	9
	9	7		2				6			2		6			5	3
2		9			6					5			7		3	
3		9			4											
7		4		2	1	3				8	4		2		6
8	7		6	3	5	4	9		4					
				6					6		1		3		4
	6			7				3	8	2	7		6	9

Puzzle 26

Puzzle 27

Puzzle 28

				9			1	8	2		
			8			6		9			
									9	8	
			9			8	7		6		
			7			2		4		5	3
						1	3	6		7	9

	6	7				8		4	2			6	5				
2	3				1				8	3	5	2		3	4	6	9
1		8		4		2		7				4		9		5	2
9	4				2	8	7							1	5	4	7
	8		1	7	5			4			8	3	7		6		5
		3			4	6	2										8
		9					3					5		8	4	3	6
	9	5		3	7						6	7		1		9	
3			4	1										6	3		9

Puzzle 29

Puzzle 30

Puzzle 31

8		2		4			1	
9	6			8			2	
1	4	3				6		9
	8	6	7			1	4	5
5	1							
					5	2	9	6

		2		6		7							6				3	2
	8	2			9	3	5		4	9		8		2	3	7		4		
			7	3				8					3	7	1	4				8
		1		4		8						2					7	9	5
6			8		3	2	7	5				3							
8		5		7								5	8	4		3				1
	9	4	6		7		1					7		3	8		9	1	2	5
				8		5		9				1		8						4
5	2	8			1		4					6			2			3		

Puzzle 32

Puzzle 33

Puzzle 34

	3		1	7	6				4
	5	9	4					7	
		6	7	4	1			8	
			1			7		3	8
			7		3		4	5	
				2	1	5		9	7

Lower section:

	9					5		9		3			2	4		6		
1	7	2	3		9		8						3	9	5		2	4
	8	6	7	9		1							5	1	2			
9	6	7	5	2		8							2	6	5	1		
		5				6					1	5				6		
4	1					9					6		7	1		5		8
	5	9			1			2				9			8			1	5
6	4			3	8	5					2	8							3
	3				7		1					7	1	3	4			6	2

Puzzle 35

Puzzle 36

Puzzle 37

Puzzle 38

Puzzle 39

Puzzle 40

Puzzle 41

Puzzle 42

Puzzle 43

3	2			1	7			
								9
	7	6				3		
6					8			
				3	5			4
1				7		6	2	

6		1	7			3		2	9	6		5		2				9	3
		5		4			1			3	8			9			5	1	
3				1	7						9			4				7	
	6	8												5		8			
	7	3			8		4	6						3				9	2
2					6			7		3		5		7			4	
9		3																	
	4	6		1	9					7							6	9
			2								8		5	9			4

Puzzle 44

		8	9	5			
	4					6	
1	5				9		8
		3	4	9	6		
		7				3	
5	6		2				

		6		8					1	8				9
8			4	2		9		1	3	7	8		9		2	4
2		5		9		6					4	3	7		
	4		2		5							6		7		5
				5		8				4						3
	5	2	6		7	3			8		5	3	4		
7		1		3										9	7
			9		7					9	7	6	5		
	2			1		3		6						4	

Puzzle 45

	2							
1						2		4
8	3		1		2			
6	9							
				5			6	8
7	5	8		2		1		

		1	7		9	4				8		5	1	2					8		
	9	3						3		6			8		3		1		5	9	
1				9			5					3	9	7	6				4		
	1		2	7		3						8							3		
		2		9			6	4								2			9	6	
5		4		1									6		8		4			5	
		5	7	4		6	1					1			8	4					
	6		3	5				8						3		1				2	
			9					7										7			

Puzzle 46

Puzzle 47

			3		8		5	6			
				4			2				8
								8	6		
			5	3				1			2
			8				3		9		
				1	6	7					

	9				2	8	9			6		7		1			5
	4								5		2	7	9	5		1	
			1		3								5	8			
	5			4	3				6		1		4				2
6		4		5	2						9				8		6
3				7	4			6					9			5	
2					6		9		5							4	8
4		9	5	8		3		7		7		5					
			2								2		8				

Puzzle 48

Puzzle 49

Puzzle 50

		2		7	3	9	1	
		3						2
1							3	
4		9			2		5	
		1		4	5		9	
7				9	6			

									3		4	7					
7		4	6		2			6		7		5	8				4
8	1	9	7			6	4	9	5			1		4	7		
		3		5					7			8	5	9	2		6
6	4		1	7	8					3		6			5		7
					9											9	
1	2		9	4	6	7				8				5	9	4	
				6													8
4		6		5	3				4				8				

Puzzle 51

Puzzle 52

Puzzle 53

Puzzle 54

	7	6	2		1			4
		1			7	6		
4	9	2				7		1
			3		5	1		
	8		5	1		9		3
				8			6	

			2			8			2		9			6		8
6				1		5	7	6		4	1		6		7		5	
	9		7	8	6	2		3			9	5		4	3			2
				4	7			2				6		7	9			
		6	1		8		9		1		4				2	3	
4		5	2	9							3			4		5	
	2	7			4		8				5	1	8				
8							6					2		6		4	5
3	6			7	5		9			2		3			8		1

Puzzle 55

Puzzle 56

		5		2				7
2		4	9		6			5
		9					8	
7	4							2
	9	2		6				
5	8	3		9			7	4

8		2	5		7	6				9			3	6
		4	7	6	5	8	2		7		9	5		1	2
	7		3	9		7		5			8		1	
1			2	9	7	8			3				7	
		6	3	1			1		7		8		4	2
5		6			9			4		9		5		3
			7	2	3		5			8	2		7		4
3	5			2					2	4			5	
		9	3		6			5			1		3	8

Puzzle 57

Puzzle 58

Top grid

		1		8			7	
	9		4		8			
3	8							
			6	5	7		8	
8				1		9		
	7		3	8	9		5	6

Bottom-left grid

	5	6			4	9	2	1
	9	7	5				8	9
			4	6	5			
	4	8	7		6			
1			2		8	7		
2	7		8	4	6		5	
	2	9	6					
		4	3				1	
		1			8	7		

Bottom-right grid

	6	5	8	3	7			9
		2		4	6		3	
			1		5		2	7
		7			1	6		
			5		8		6	1
		4		1			9	8
		1						6
		8		9		7	1	5
			2				8	7	3

Puzzle 59

Puzzle 60

				7			8	
	5					2		
4		3		1		5		
	3	1	6		5	9		
			7		8		5	
	8				2	4	7	6

		9	7		1	4	9	6		8			6		9		1	4
	1			4			8					1	4					
		4	2	1			6		8	2				8				2
	8			5	6	9					9		8			3		5
			4	3				1							4		8	3
3											3						1	9
	2		7		1			6			5			1	4			7
	9			2		1	5	7				7	6				5	9
						8	3	2				8	3		9	5		

Puzzle 61

Puzzle 62

Puzzle 63

Puzzle 64

								3												
						8			1		9									
						5		9				1	8							
							2		9		1	3		5						
							3	8			2	9	1							
													7	2						
				2	4				4					6	5					
							4				7	5			1	2			7	4
	9	4			6	3		2							8		3			
	6		2			4							6						3	
5						8	6	9								9	8	5		
		9	6	4				5						2	7					
					3		7								4	8		7	6	
8	3	1			9								1			3			8	
		5				1								3	6		7		9	

Puzzle 65

Puzzle 66

						7		
	7		5			9		
	9		6		1		2	5
		9	4			5	6	
		4		9				
		1			6	2		

3	8	2		9		8		2	1		5		2				9
			4				5			4					5		
1				8	2		3		4		1				2	8	7
4	6		1		9								1	6			
		7								1	7				8		
	3	5		9		1	8		2				3				1
	1				5		4		7							2	4
	7		2				3			3	1		6		9		
5				6			1								8		

Puzzle 67

			2	4	7		1	
	9			3				2
	3		4					
	8					3	2	7
	2	1	5	6			4	
		6			8			

6			3		9		5				9		8			
	2	3		1		6		4			1	5		8		
	8	9			4					8	3				9	1
		1	5		6						2		4		8	6
		6		7				9	8		2				3	
						4									2	
4	7			6			8			4			7			3
			8	4			5		1	5	3	6	8			
	1		9	7						7					5	

Puzzle 68

Puzzle 69

			6	2		1		9
7				9				8
1	2	9	7		8	5	6	
			7					
		9	6	1		4		8
3	8			7		6	4	

		7				4			2	5		1	8			3	6
	6		3		1		5	2			7		1		4		2		9	
1					5	6		7	5			2			4	5			7	1
	6	1		4		7						4	7	1	3		6	5	
		1	6	3	7		8								8	5	4	3	
4				9	2		6	5									7	6	4
9	8	5			3	7	4	1						3				9	8
		2			8											3	8	1	6
			5	7			2	3				9	8		6				

Puzzle 70

Puzzle 71

		9			8			4
	2	5		7			1	
		8			4		7	
	+ 3	4	8			9	1
	2	6	3					5

	8			1	4		5			8		1			9
		4			5							5		6		7
9		2				4			9	7	5	2	8			
3			4		1									5		1
			7			2			9			3		2	6
	6				9	4	1			7			1		4
										6		4			9	
5		3	9		6	2		1	5	9						4
2				7		6	9		4				7			

Puzzle 72

		8						
9	4			2	7			6
			9		3			4
		3	7		1		4	
					5	6	7	
	7	1	6	8			9	

		6		4	5	7			2					2		3	1	
		1		2			8	7		5	9			8			7	4	5
				3	8			5	1			7		9	1				3
	8			7		2	6					5	9						
	5	7		8	1								4			9		6	1
		2	1				7					7			2				5
				8		3		6									8	2	
	4	8			7								4			6			1	7
	7		9												6	5		7	9	

Puzzle 73

Puzzle 74

Puzzle 75

						5		4			6									
									8	1	2	4	5							
							8	7	2					6						
							1			6		9		3						
									4	9		1	2	8						
						3		8	1			4	6							
8		7	4		9		3		6		8	5			3	6				1
4		5				7				1	2	8	3		1		7	5	6	
		9		6	7					7	9				8					3
	9		6			5		3				4		3	2	7		1		
5		4	1		2	7						2	8			5			4	6
	8	1			5		2					9	6				1	2		
9	5			2	1		8					7	9	8		3				
	7	8				9	2							5		1	8			9
			9	7		1		6					4			2				5

Puzzle 76

Puzzle 77

Puzzle 78

	4	9				5	6	
	3	6			8			
2	1			4		3		
		2						
5	9	7			2			6
		8		3		1	7	9

	5	9						9	8		5	4			3		
				6			1	2		6			2		5			7
	9		3	7	2	4						9		1	6			
						2					5	8				2		9
		8		6		5		3			2				8			
4	2		8	3		6					3	7		4			5	
	1					8							3		4			5
				4	1	2		9			8	4			9		7	3
		9			3	1	4	5										6

Puzzle 79

			3				1		4	9	6			
			8		6	5	3							
			1	7	9	4				3	5			
				5				4						
					8	2					4			
			7	6		1				2				
		8		7	5		6		7	4	3	1		6	2	
	9	2		3	5	6	8	7	9		2	5		9			8
8	5		2					5				4	2		1	
	7	5			2					8				7	
1		3		5	2		7				2		1		
		8			3	1	5	6		7	5	8	9		4	2
	6	7		4	9		5				2		9			5
			2			6				2	9		5	1	3	
5				1	7					1	7		4	8	9	

Puzzle 80

							2			6			5							
									7	1		6	2							
								6												
							1		6		9	8								
						8		7				4								
						6		9	3		8		7							
		5						4		5					6			4		
		2	9						2		7				7					8
	7		8					5	8			2		7	5			1		3
		1	4				8	2						6		2	3			5
3					8		4							2					7	4
2	4		1		6		5	3							1			2	6	
												7		8		4			3	6
9		6			2	4	1	7								6			8	
				1			3						9	3						

Puzzle 81

	5			6				
			8				4	1
	8			4	9		2	
		3	2		4			
				3	8			
		1			4	9		

1				4	9	6	8			2	5		3				9
8		4		5							5	9	4	6			
2		9			7				2		6		8	2		7	
				3		4									3	5	8
					5								6		9	3	
	4	8		1	6		7			6	9				1		
9				7	1		4		4						3	8	
		2	4		5						1	8		6			5
4				6								7					

Puzzle 82

Puzzle 83

Puzzle 84

Puzzle 85

								4		6										
						1	8	6	4	2			3							
											3		1							
						9	1			3		5	8	4						
						6				4		3								
									1				6	9						
		3	6		2	4		1		9			5		7					3
6			3	9		2	5		7			6		3	4	8	2	5	7	
	7	5	4		8	3	6		2		8		4	7	5					2
								5						5		9		4	1	
7		9			6			3					1	8			5	3		9
		8	9	2		7	4					2				4				5
				8	1		3									5				8
		1		3		5	9								3	2		1		
		7			9	1		2					3	6		1	7		9	4

Puzzle 86

			2			3		8	4	6				
				3			5	4						
					4	6								
				5	3					4				
				1	9			3	2	8				
				2	7	8	3		9					
	7			8		2	1		7	5		2		1	9
	1			6				5		6		4		8		5		6
8				2	9			1	4		3	7		9	4	6		5	1	2
5		9		7		8	1					9	4			7	1		6
	3						2	9											5
	7	8			4	2		5				6			1			4	7	
7	8	1	4	9		2							7	8					
2		5	3			4		7					6	2					3
3						8									7		2	6	4	8

Puzzle 87

							3	
	2		1					
	4			7				2
2	8	1			4		5	
		6	5	2				8
	4		5		6			

4		2	8	3			4		7	2		4			6		
			4	1			9						9	6		2	
	8			5				1		9	6	7					5
		4			7						7			6	4		
	5			8							3		5	7			8
	7		8	6			1										
1	2	5		3					1			6				5	2
7						3					2		8				9
4	9		6	7			5							2		1	

Puzzle 88

								8			4									
									5	8				7						
						4		7	2		9		6	8						
						3		9	6	4			1							
						7					2	6	5							
								2		5	1									
9		8		7				5		9			7	3	9				5	6
7		5	8			9			1					5	4	6		9		
			9	4		8						4	9		1					
	8					5		2				9				8	6		3	
				8		4		6					6						8	2
	6			5			9							8	3	1		5		
			7			1						6				9	4		1	
6	5		4		2	3	8	7						4		5	7	6		
3	9						2	4						9		3				

Puzzle 89

Puzzle 90

Puzzle 91

		9			3		6	2
			6	2			7	3
3						5		4
		5		3		2	9	7
				9		6	4	3
		3		8	7	1		

7		2	3		9		1	8
	4		2		5			3
			6			3	4	5
	6	9						1
		4	1		7	6		
9	1	8		6	4	7		3
								2
		9				1		5
3	2		4	5	6		9	7

			1	5				7
6	2	5	7				1	
7	8		6				4	
5		7		3		6	2	1
8	1	2			9	7		
	6			7			9	8
	8							
	7		9			5	4	8
1	3							6

Puzzle 92

Puzzle 93

						2		4						6						
						7					4	5	3							
								9	2	3	6									
							9				5	7	2							
								7	6					3						
	9				3	8						6		4	9					2
	2			5		3	1			4	8				8	5			1	
5					1			2	1					5	2				4	7
			1		6	4							4	3			6			
			2	3										7				5		6
2		1			5	6						5		6	7	9	8			
	8																5			
7		2						3						2		1		4		8
		5	6	7		2	9						6							

Puzzle 94

Puzzle 95

	6	7			2		3	
	9	2	6	1			7	5
								1
	6			5			2		9
							5	
			5	9	3		7	6	

Left grid:

		4		5		8		4
4		7		2		1		
	8	9				4		9
		1		4				
	6		5	9		4		
	7		8			5		
	1			2		9		
		5	9	7			3	
8		9			3			

Right grid:

	1		6		9			
	9		3		2			5
			7	5		4		
						5	6	
		5	4					
9			5	7	6			3
1					7	2	4	
2	7		8		5			
				2			1	

Puzzle 96

	9			5			6	4
				7		5		
1	5		6		9		3	
9	6						2	
	8				5			
	3		2		1	6	5	

3				4		7			7					
	2		7	5	8			4		7		8			9
6	1				3						2	5		9	6	
			3	7						5		1	4			3
	7				2	4		8		2		1			5		6
		9				7				7	4				6		
4				5	6						3					
			7	8				1		8	6		2		3	1		4
		5		2	9	3			4		1					7	

Puzzle 97

						4				5				8						
							7	2		9				3						
						3		6				5	9							
						2		8		3	4			6						
									5			8	4	2						
										2										
	3	9		6		2	4	9		5	3		7	5		4	1		2
	1		3			6	5		7				2				9		3
5			2				7	6					3		1				4
1	8			4		5	3				9		6	5					
	4	3	2		7							2		3	8	5	6		
7		6		5	4							5	7						
		2		3							3		9				4		
4		1		5							2	6		4					5
8			7									4					2		6

Puzzle 98

(Samurai sudoku — five overlapping 9×9 grids)

Top grid:

	7			8		3		
5	4		3		1		2	9
				5				
	3	6						4
1			5		6	9	3	
				7			1	8

Middle row (left grid | center grid | right grid), sharing rows with top and bottom:

Left grid:
		1		5			9	
9				6	8	5		
7	5			8		3	1	2
8		2		1		5		7
3	1			9	4	6		8
		7			8	1	9	

Center grid:
8	1		4		
6		7			9	1
			5	8	6	

Right grid:
	7		6	8	1	
8						6
	1	5	9		2	3
					3	4
	4	6	7		1	8
7			3			

Bottom grids (left and right):

Left:
		8		3			5	
5			8			9		1
			5	4				

Right:
6			5		1			8
		8				7	9	5	4
		4				8		6

Puzzle 99

5		1				3	6	
				5		7	2	9
3	9			4		1		
	6		2			8		
			9		8	2		
		7		1	6	9		

	5	4		9	2	3			5		9	1	3	7			6
		7		8			3	8	1			6			3	1	4
4	9		6	3	7	1		4		2			4	1		2		7
		4		8							1		2				5
	4	3		5								5			1	4	2
2	7			5		3					6		5	4	8	1	
	8	1		6							2		1	5			4
	9		3		1		7			7					4		1
5	1		8	7		4					4			7			

Puzzle 100

Puzzle 1

Puzzle 2

Puzzle 3

Puzzle 4

Puzzle 5

Puzzle 6

Puzzle 7

Puzzle 8

Puzzle 9

Puzzle 10

Puzzle 11

Puzzle 12

Puzzle 13

Puzzle 14

Puzzle 15

Puzzle 16

Puzzle 17

Puzzle 18

Puzzle 19

Puzzle 20

Puzzle 21

			5	9	6	2	3	4	1	7	8			
			7	4	3	8	1	9	2	5	6			
			8	1	2	5	6	7	9	3	4			
			2	6	5	4	7	3	8	9	1			
			4	3	9	1	8	6	5	2	7			
			1	7	8	9	2	5	6	4	3			
2	1	9	3	5	7	6	8	4	3	5	2	7	1	9	8	5	2	3	4	6
6	4	8	9	2	1	3	5	7	6	9	1	4	8	2	3	6	7	9	1	5
3	5	7	6	4	8	9	2	1	7	4	8	3	6	5	9	4	1	8	2	7
8	9	5	1	3	2	4	7	6				2	5	4	7	9	8	6	3	1
7	6	2	4	8	9	5	1	3				6	3	8	1	2	4	5	7	9
1	3	4	7	6	5	8	9	2				9	7	1	6	3	5	2	8	4
9	2	3	8	7	6	1	4	5				5	4	3	2	1	9	7	6	8
4	7	1	5	9	3	2	6	8				8	9	6	4	7	3	1	5	2
5	8	6	2	1	4	7	3	9				1	2	7	5	8	6	4	9	3

Puzzle 22

			7	9	3	8	2	6	1	4	5			
			2	8	5	9	1	4	3	7	6			
			4	6	1	5	3	7	2	8	9			
			8	2	9	3	5	1	7	6	4			
			1	4	7	6	8	9	5	2	3			
			3	5	6	4	7	2	9	1	8			
8	6	7	5	1	4	9	3	2	7	6	8	4	5	1	7	6	3	2	8	9
9	4	1	6	3	2	5	7	8	1	4	3	6	9	2	8	5	1	7	4	3
2	3	5	7	8	9	6	1	4	2	9	5	8	3	7	4	2	9	6	1	5
5	7	8	2	9	6	1	4	3				3	7	5	9	1	6	8	2	4
1	9	6	3	4	8	2	5	7				2	8	6	3	4	7	5	9	1
3	2	4	1	5	7	8	9	6				1	4	9	5	8	2	3	6	7
7	1	2	9	6	3	4	8	5				5	2	4	1	7	8	9	3	6
4	5	3	8	2	1	7	6	9				7	6	3	2	9	4	1	5	8
6	8	9	4	7	5	3	2	1				9	1	8	6	3	5	4	7	2

Puzzle 23

			7	8	5	6	9	3	4	1	2			
			4	2	9	1	5	8	7	6	3			
			6	3	1	4	7	2	9	5	8			
			1	9	3	5	8	6	2	4	7			
			5	6	8	7	2	4	1	3	9			
			2	7	4	9	3	1	5	8	6			
3	8	4	6	5	7	9	1	2	3	6	5	8	7	4	2	5	9	1	3	6
5	7	2	3	1	9	8	4	6	2	1	7	3	9	5	6	1	7	2	8	4
1	9	6	8	4	2	3	5	7	8	4	9	6	2	1	8	4	3	7	5	9
4	3	7	9	6	5	1	2	8				2	4	8	7	9	5	6	1	3
9	6	5	2	8	1	4	7	3				1	5	7	3	6	8	4	9	2
8	2	1	7	3	4	5	6	9				9	3	6	1	2	4	8	7	5
2	1	8	4	9	6	7	3	5				4	8	3	9	7	2	5	6	1
7	5	3	1	2	8	6	9	4				5	6	9	4	8	1	3	2	7
6	4	9	5	7	3	2	8	1				7	1	2	5	3	6	9	4	8

Puzzle 24

			5	9	1	2	8	7	4	6	3			
			3	8	2	4	6	5	7	1	9			
			7	4	6	9	1	3	5	8	2			
			1	2	5	3	4	6	8	9	7			
			6	7	9	8	5	1	2	3	4			
			8	3	4	7	9	2	6	5	1			
8	2	9	1	7	5	4	6	3	5	2	9	1	7	8	3	5	9	6	2	4
6	5	4	9	8	3	2	1	7	6	3	8	9	4	5	2	6	8	3	7	1
3	1	7	2	4	6	9	5	8	1	7	4	3	2	6	1	7	4	5	9	8
4	3	1	6	2	9	8	7	5				2	6	9	4	8	7	1	5	3
9	7	5	8	3	4	6	2	1				8	5	1	9	3	2	7	4	6
2	8	6	5	1	7	3	9	4				7	3	4	5	1	6	2	8	9
5	6	3	7	9	8	1	4	2				4	9	3	6	2	5	8	1	7
1	9	8	4	5	2	7	3	6				6	8	2	7	4	1	9	3	5
7	4	2	3	6	1	5	8	9				5	1	7	8	9	3	4	6	2

Puzzle 25

Puzzle 26

Puzzle 27

Puzzle 28

Puzzle 29

Puzzle 30

Puzzle 31

Puzzle 32

Puzzle 33

Puzzle 34

Puzzle 35

Puzzle 36

Puzzle 37

```
1 7 9 | 3 5 4 | 2 6 8
3 4 8 | 1 2 6 | 9 5 7
6 2 5 | 8 9 7 | 4 3 1
------+-------+------
5 9 3 | 4 1 2 | 8 7 6
2 1 6 | 7 8 3 | 5 4 9
4 8 7 | 9 6 5 | 1 2 3
```

```
2 6 8 | 9 4 5 | 7 3 1    5 4 9 | 6 8 2 | 4 7 3 | 1 9 5
1 7 5 | 8 2 3 | 9 6 4    2 7 8 | 3 1 5 | 9 6 8 | 2 4 7
4 3 9 | 6 7 1 | 8 5 2    6 3 1 | 7 9 4 | 2 5 1 | 3 6 8
------+-------+------    ------+-------+-------+------
3 5 4 | 1 9 8 | 2 7 6                9 2 6 | 3 1 5 | 8 7 4
7 9 1 | 3 6 2 | 4 8 5                8 5 3 | 7 4 2 | 6 1 9
6 8 2 | 7 5 4 | 1 9 3                4 7 1 | 8 9 6 | 5 3 2
------+-------+------                ------+-------+------
5 1 3 | 2 8 9 | 6 4 7                5 3 9 | 6 2 4 | 7 8 1
9 2 6 | 4 3 7 | 5 1 8                2 6 7 | 1 8 9 | 4 5 3
8 4 7 | 5 1 6 | 3 2 9                1 4 8 | 5 3 7 | 9 2 6
```

Puzzle 38

```
6 1 5 | 9 4 3 | 8 7 2
2 9 7 | 6 1 8 | 4 3 5
8 3 4 | 2 7 5 | 1 6 9
------+-------+------
5 7 1 | 3 9 2 | 6 8 4
3 4 2 | 8 6 1 | 5 9 7
9 6 8 | 4 5 7 | 3 2 1
```

```
9 3 2 | 5 4 1 | 7 8 6    1 2 4 | 9 5 3 | 8 7 2 | 6 1 4
4 6 8 | 2 9 7 | 1 5 3    7 8 9 | 2 4 6 | 1 5 9 | 8 7 3
1 7 5 | 3 6 8 | 4 2 9    5 3 6 | 7 1 8 | 3 4 6 | 9 5 2
------+-------+------    ------+-------+-------+------
6 1 7 | 8 2 4 | 3 9 5                5 8 2 | 7 9 4 | 1 3 6
8 9 4 | 7 5 3 | 6 1 2                3 6 4 | 2 1 5 | 7 9 8
5 2 3 | 6 1 9 | 8 4 7                1 9 7 | 6 8 3 | 2 4 5
------+-------+------                ------+-------+------
2 8 6 | 4 3 5 | 9 7 1                6 2 5 | 9 3 1 | 4 8 7
3 4 1 | 9 7 2 | 5 6 8                4 7 9 | 5 6 8 | 3 2 1
7 5 9 | 1 8 6 | 2 3 4                8 3 1 | 4 2 7 | 5 6 9
```

Puzzle 39

```
3 6 9 | 5 8 1 | 2 4 7
1 4 8 | 9 2 7 | 3 6 5
5 2 7 | 4 6 3 | 9 8 1
------+-------+------
8 3 4 | 6 7 5 | 1 2 9
7 1 6 | 2 3 9 | 8 5 4
9 5 2 | 8 1 4 | 6 7 3
```

```
2 7 6 | 5 9 1 | 4 8 3    1 5 6 | 7 9 2 | 6 8 1 | 4 3 5
9 1 3 | 2 4 8 | 6 7 5    3 9 2 | 4 1 8 | 5 3 7 | 6 2 9
5 4 8 | 7 3 6 | 2 9 1    7 4 8 | 5 3 6 | 9 2 4 | 8 1 7
------+-------+------    ------+-------+-------+------
7 3 1 | 8 6 4 | 9 5 2                1 8 7 | 3 9 2 | 5 4 6
4 6 2 | 9 5 3 | 7 1 8                2 6 4 | 1 5 8 | 9 7 3
8 5 9 | 1 2 7 | 3 4 6                9 5 3 | 7 4 6 | 2 1 8
------+-------+------                ------+-------+------
1 2 4 | 3 7 5 | 8 6 9                3 2 1 | 4 6 9 | 7 5 8
3 8 7 | 6 1 9 | 5 2 4                8 7 9 | 2 1 5 | 3 6 4
6 9 5 | 4 8 2 | 1 3 7                6 4 5 | 8 7 3 | 1 9 2
```

Puzzle 40

```
2 5 6 | 7 3 8 | 1 9 4
9 1 8 | 4 5 6 | 7 3 2
7 3 4 | 1 2 9 | 5 6 8
------+-------+------
3 2 9 | 5 8 1 | 4 7 6
4 8 1 | 6 7 2 | 3 5 9
6 7 5 | 3 9 4 | 8 2 1
```

```
6 7 5 | 8 4 2 | 1 9 3    8 6 7 | 2 4 5 | 9 6 8 | 3 1 7
1 3 8 | 6 7 9 | 5 4 2    9 1 3 | 6 8 7 | 1 3 4 | 9 2 5
9 2 4 | 5 1 3 | 8 6 7    2 4 5 | 9 1 3 | 2 5 7 | 8 6 4
------+-------+------    ------+-------+-------+------
5 6 7 | 9 8 1 | 3 2 4                3 7 6 | 4 2 5 | 1 8 9
8 1 3 | 4 2 7 | 9 5 6                5 9 8 | 7 1 6 | 2 4 3
2 4 9 | 3 6 5 | 7 8 1                4 2 1 | 8 3 9 | 7 5 6
------+-------+------                ------+-------+------
4 8 1 | 7 9 6 | 2 3 5                8 3 2 | 6 4 9 | 5 7 1
7 5 6 | 2 3 8 | 4 1 9                1 5 4 | 3 7 2 | 6 9 8
3 9 2 | 1 5 4 | 6 7 8                7 6 9 | 5 8 1 | 4 3 2
```

Puzzle 41

Puzzle 42

Puzzle 43

Puzzle 44

Puzzle 45

Puzzle 46

Puzzle 47

Puzzle 48

Puzzle 49

Puzzle 50

Puzzle 51

Puzzle 52

Puzzle 53

Puzzle 54

Puzzle 55

Puzzle 56

Puzzle 57

Puzzle 58

Puzzle 59

Puzzle 60

Puzzle 61

Puzzle 62

Puzzle 63

Puzzle 64

Puzzle 65

Puzzle 66

Puzzle 67

Puzzle 68

Puzzle 69

Puzzle 70

Puzzle 71

Puzzle 72

Puzzle 73

Puzzle 74

Puzzle 75

Puzzle 76

Puzzle 77

Puzzle 78

Puzzle 79

Puzzle 80

Puzzle 81

```
2 5 4 3 6 1 8 7 9
3 9 6 8 7 2 5 4 1
1 8 7 5 4 9 3 2 6
8 7 3 2 9 6 4 1 5
5 4 9 1 3 8 7 6 2
6 2 1 7 5 4 9 8 3
1 5 7 3 2 4 9 6 8 4 1 3 2 5 7 3 8 4 6 9 1
8 6 4 1 5 9 7 3 2 6 8 5 1 9 4 6 7 5 8 2 3
2 3 9 6 8 7 4 1 5 9 2 7 6 3 8 2 9 1 7 4 5
5 1 6 7 9 2 3 8 4 7 4 2 9 1 3 5 6 8
7 9 2 4 3 8 1 5 6 8 1 5 4 6 7 9 3 2
3 4 8 5 1 6 2 9 7 3 6 9 5 2 8 1 7 4
9 2 5 8 7 1 6 4 3 4 7 6 1 5 2 3 8 9
6 8 1 2 4 3 5 7 9 9 2 1 8 3 6 4 5 7
4 7 3 9 6 5 8 2 1 5 8 3 7 4 9 2 1 6
```

Puzzle 82

```
3 6 7 8 4 1 5 2 9
2 4 9 5 3 7 8 1 6
8 1 5 9 2 6 4 7 3
9 2 6 7 1 4 3 5 8
5 3 1 2 8 9 7 6 4
7 8 4 3 6 5 1 9 2
2 7 1 4 8 9 6 5 3 4 7 2 9 8 1 7 4 2 3 6 5
3 4 5 7 2 6 1 9 8 6 5 3 2 4 7 6 3 5 1 8 9
6 8 9 5 3 1 4 7 2 1 9 8 6 3 5 1 9 8 4 7 2
4 5 3 9 6 7 2 8 1 5 7 8 2 6 3 9 4 1
7 1 6 2 5 8 3 4 9 1 6 4 5 8 9 7 2 3
8 9 2 1 4 3 5 6 7 3 9 2 4 1 7 8 5 6
1 2 4 8 9 5 7 3 6 4 5 9 8 2 1 6 3 7
5 6 8 3 7 2 9 1 4 7 1 6 3 5 4 2 9 8
9 3 7 6 1 4 8 2 5 8 2 3 9 7 6 5 1 4
```

Puzzle 83

```
7 5 1 2 8 4 6 9 3
8 6 4 9 1 3 7 5 2
3 2 9 6 5 7 1 4 8
4 7 2 5 3 6 8 1 9
6 1 8 7 2 9 4 3 5
5 9 3 1 4 8 2 6 7
6 8 9 5 2 3 1 4 7 8 9 5 3 2 6 4 7 8 5 9 1
1 3 4 9 6 7 2 8 5 3 6 1 9 7 4 5 1 2 3 8 6
2 5 7 1 4 8 9 3 6 4 7 2 5 8 1 9 3 6 7 4 2
5 9 1 7 3 2 8 6 4 4 5 7 8 2 9 6 1 3
3 6 2 8 5 4 7 1 9 1 9 2 3 6 4 8 7 5
4 7 8 6 9 1 5 2 3 6 3 8 7 5 1 4 2 9
8 4 6 2 7 9 3 5 1 2 6 5 1 8 7 9 3 4
7 1 3 4 8 5 6 9 2 8 4 3 2 9 5 1 6 7
9 2 5 3 1 6 4 7 8 7 1 9 6 4 3 2 5 8
```

Puzzle 84

```
6 5 7 9 1 3 8 2 4
1 4 9 8 2 7 3 6 5
3 8 2 6 5 4 7 1 9
4 2 5 7 3 6 9 8 1
9 6 1 4 8 5 2 3 7
7 3 8 2 9 1 4 5 6
2 4 7 1 8 3 5 9 6 3 7 8 1 4 2 7 6 5 8 3 9
8 6 5 7 4 9 2 1 3 5 4 9 6 7 8 9 3 1 4 5 2
9 3 1 6 5 2 8 7 4 1 6 2 5 9 3 4 8 2 1 7 6
4 1 9 5 6 8 3 2 7 3 8 6 5 2 7 9 4 1
6 2 8 3 9 7 4 5 1 4 1 7 6 9 3 5 2 8
5 7 3 2 1 4 6 8 9 2 5 9 1 4 8 7 6 3
3 9 6 8 2 1 7 4 5 9 3 1 2 7 4 6 8 5
7 8 4 9 3 5 1 6 2 8 6 4 3 5 9 2 1 7
1 5 2 4 7 6 9 3 8 7 2 5 8 1 6 3 9 4
```

Puzzle 85

Puzzle 86

Puzzle 87

Puzzle 88

Puzzle 89

```
            6 3 1 2 7 9 5 4 8
            2 5 8 3 1 4 9 6 7
            4 7 9 5 8 6 3 1 2
            1 8 6 9 3 2 7 5 4
            3 2 4 7 5 1 8 9 6
            5 9 7 4 6 8 2 3 1
3 5 9 6 4 8 7 1 2 6 9 3 4 8 5 1 2 6 9 3 7
7 1 6 9 5 2 8 4 3 1 2 5 6 7 9 3 8 5 4 1 2
4 8 2 7 3 1 9 6 5 8 4 7 1 2 3 4 9 7 6 8 5
8 7 5 1 6 9 3 2 4         5 6 8 9 7 4 3 2 1
2 6 1 3 8 4 5 9 7         3 1 7 6 5 2 8 4 9
9 4 3 2 7 5 6 8 1         9 4 2 8 1 3 5 7 6
5 3 8 4 1 6 2 7 9         8 9 6 2 3 1 7 5 4
6 2 4 5 9 7 1 3 8         7 3 1 5 4 9 2 6 8
1 9 7 8 2 3 4 5 6         2 5 4 7 6 8 1 9 3
```

Puzzle 90

```
            9 6 5 1 3 7 2 8 4
            7 8 3 2 4 6 9 5 1
            1 2 4 9 5 8 7 6 3
            6 4 9 8 1 2 5 3 7
            8 3 7 5 6 4 1 2 9
            2 5 1 7 9 3 8 4 6
6 5 3 1 7 8 4 9 2 6 7 5 3 1 8 2 7 4 5 9 6
4 2 7 5 6 9 3 1 8 4 2 9 6 7 5 9 3 8 1 4 2
8 1 9 3 2 4 5 7 6 3 8 1 4 9 2 6 5 1 8 3 7
1 8 6 9 4 3 7 2 5         8 5 7 1 4 2 9 6 3
2 9 4 7 5 1 8 6 3         9 2 3 8 6 5 7 1 4
7 3 5 6 8 2 9 4 1         1 6 4 7 9 3 2 8 5
9 7 8 2 1 5 6 3 4         5 3 1 4 8 7 6 2 9
5 6 2 4 3 7 1 8 9         7 8 6 3 2 9 4 5 1
3 4 1 8 9 6 2 5 7         2 4 9 5 1 6 3 7 8
```

Puzzle 91

```
            7 5 9 4 1 3 8 6 2
            8 4 1 6 2 5 9 7 3
            3 6 2 7 9 8 5 1 4
            6 8 5 1 3 4 2 9 7
            1 2 7 9 5 6 4 3 8
            4 9 3 2 8 7 1 5 6
7 8 2 3 4 9 5 1 6 8 7 2 3 4 9 1 5 2 8 6 7
6 4 3 2 1 5 9 7 8 3 4 1 6 2 5 7 8 4 3 1 9
1 9 5 6 7 8 2 3 4 5 6 9 7 8 1 6 9 3 2 4 5
5 7 6 9 3 2 4 8 1         5 9 7 4 3 8 6 2 1
2 3 4 1 8 7 6 5 9         8 1 2 5 6 9 7 3 4
9 1 8 5 6 4 7 2 3         4 6 3 2 7 1 5 9 8
4 5 7 8 9 3 1 6 2         9 5 8 3 4 6 1 7 2
8 6 9 7 2 1 3 4 5         2 7 6 9 1 5 4 8 3
3 2 1 4 5 6 8 9 7         1 3 4 8 2 7 9 5 6
```

Puzzle 92

```
            7 6 2 1 5 3 8 9 4
            8 9 3 4 6 7 1 2 5
            1 4 5 2 8 9 6 7 3
            9 5 7 3 4 8 2 1 6
            6 2 1 7 9 5 3 4 8
            3 8 4 6 2 1 7 5 9
1 6 5 3 2 8 4 7 9 8 3 2 5 6 1 8 2 3 9 4 7
8 9 4 5 1 7 2 3 6 5 1 4 9 8 7 4 1 5 6 2 3
7 3 2 6 9 4 5 1 8 9 7 6 4 3 2 7 6 9 1 8 5
6 5 3 1 4 2 9 8 7         3 1 6 5 9 2 4 7 8
4 2 8 7 6 9 3 5 1         8 2 4 3 7 1 5 9 6
9 7 1 8 3 5 6 2 4         7 9 5 6 8 4 3 1 2
2 8 7 4 5 6 1 9 3         6 7 9 1 3 8 2 5 4
5 1 6 9 7 3 8 4 2         1 5 8 2 4 6 7 3 9
3 4 9 2 8 1 7 6 5         2 4 3 9 5 7 8 6 1
```

Puzzle 93

Puzzle 94

Puzzle 95

Puzzle 96

Puzzle 97

Puzzle 98

Puzzle 99

Puzzle 100

www.ingramcontent.com/pod-product-compliance
Lightning Source LLC
Chambersburg PA
CBHW081336080526
44588CB00017B/2643